作者近照

作者简介

　　王志钢，字铁先，号伏牛山人。1954年10月生，河南汝阳人。曾任河南省汝阳县人民政府副县长，中共汝阳县委常委、政法委书记、统战部长，河南省汝阳县人大常委会常务副主任。现任河南省汝阳县人大常委会党组副书记。中华诗词学会会员，中国书画家联谊会会员，中国书画艺术促进会理事，中国炎黄艺术协会副主席，人民艺术家书画院副院长。受父影响，幼爱书法。半个世纪临池不辍，独自成体，行草见长。书以神胜，诗以势取，艺坛撷英，文苑聚精。荣获"当代中国书画领军人物、功勋书法家、国礼艺术家、德艺双馨艺术家、世界名人艺术家、世界华人艺术大师"等称号。著有诗集《万古琴韵》、《浪花集》和《中国现当代书画名家艺术大成——王志钢作品集萃》、《王志钢书法——书坛神圣·自叙歌》法书。2012年3月，中国企业报道联盟、人民网、凤凰网等百家网站共同推出：王志钢——中国书画界十大名家献礼全国"两会"。

书坛神圣

王志钢 著

九州出版社

图书在版编目（CIP）数据

书坛神圣 / 王志钢著. -- 北京 : 九州出版社，
2012.8
　ISBN 978-7-5108-1650-5

　Ⅰ. ①书… Ⅱ. ①王… Ⅲ. ①书法家－介绍－中国
Ⅳ. ①K825.72

　中国版本图书馆CIP数据核字(2012)第205630号

书坛神圣

作　　者	王志钢 著
出版发行	九州出版社
出 版 人	徐尚定
地　　址	北京市西城区阜外大街甲35号 （100037）
发行电话	（010）68992190/2/3/5/6
网　　址	www.jiuzhoupress.com
电子信箱	jiuzhou@jiuzhoupress.com
印　　刷	北京亿浓世纪彩色印刷有限公司
开　　本	787毫米×1092毫米　32开
印　　张	3.5　彩插 2p
字　　数	25千字
版　　次	2012年9月第1版
印　　次	2012年9月第1次印刷
书　　号	ISBN 978-7-5108-1650-5
定　　价	28.00 元

前　言

中国书法源远流长，在几千年的历史发展长河中，不但早已深深根植于华夏民族和国人的血脉之中，而且走向世界，影响深远。特别是一些亚洲国家如日本、韩国、新加坡、马来西亚等，更是情有独钟，趋之若鹜。

随着社会和谐和人类和平的发展，中国书法作为文化艺术进行交流，越来越被世界人民所认可，并不断发扬光大。

中国书法是一门独特的文化艺术。它以中国汉字为载体，通过特殊的形式来实现，具有变化无穷、一枝独秀、神逸超迈、美妙绝伦的艺术魅力，拔萃于世界民族艺术之林。它是世界文化宝库中的璀璨明珠，光彩夺目；是人类艺术百花苑中的鲜艳奇葩，美丽动人。它为人类传承文明，传承文化，传承艺术，传承时代精神！

中国书法，相传从苍颉造字，石鼓文名世，隶、草争艳，到"颜筋柳骨"，具备了真、草、隶、篆四大书体。随着不断地发展、完善，中国书体多样化，具有篆、隶、草、行、飞白、正楷、瘦金、漆书等多种体式。书体多样，风格迥异，同样书体，不同风格，仪态万方，异彩纷呈。

中国书法不但书体多样，而且书写工具与众不同，它是由笔、墨、纸、砚文房四宝组成的。尤其是软毫毛笔更是世所罕见。不同的书写工具，不同的书写方法，不同的驾驭能力，产生不同的艺术效果。让人浮想联翩，美不胜收。

华夏儿女，无论官、绅、士、商，还是平民百姓，无不受到书法熏陶。中国人一贯将字写的好坏，当成衡量一个人才华的标尺。历朝历代都极为重视书法。书法大家层出不穷，翰墨珍品不断涌现。中国有历史记载和评价的书法大家将近万人，传世墨宝甚多。从书画皇帝、翰墨将相，到文坛巨匠、布衣书家，留下了许多脍炙人口的故事传说和传世名作。如李斯《峄山碑》、王羲之《兰亭序》、王献之《鸭头丸贴》、智永《千字文》、张旭《古诗四帖》、怀素《自叙帖》、柳公权《玄秘塔碑》、米芾《蜀素帖》等。这些书法大家和翰墨珍品对中国书坛和世界书坛都产生了极其重要的影响。

中国书法始终推动着人类文明的进程，鼓舞着人们昂扬的锐气，激励着人们战斗不息的精神风貌，引领着时代文化不断前进的潮流。它启迪人生，陶冶情操，师表万代，功盖千秋，其丰功伟绩，万世不磨。

近几年来，我通过学习、探索中国书法史，对中国书法进行鉴别、判断和比较，与书界朋友反复磋商、审议，取得共识。自周、秦、晋、唐至近现代3000余年，从有史书记载和评价的历代翰墨大家中，优中选优，精中取精，推定出：张芝、钟繇、王羲之、颜真卿、赵孟頫、王铎、毛泽东等56位顶尖人物为"书坛神圣"，列榜立传，铭功著勋，以使万世敬仰，永为典范。

这56位"书坛神圣"，无论从书法特点、艺术风格、书法品位还是对当时和后世影响来看，都是当之无愧、无与伦比的。他们不仅是当今中国书坛的历史丰碑，而且永远是中国乃至世界书坛的历史丰碑。他们不但引领了中国书法和世界书法的过去，而且必将引领中国书法和世界书法的未来。

江山代有才人出，各领风骚数百年。中国书法经历了晋尚韵、唐尚法、宋尚意的光辉历程，进入了今尚奇的自由开放时代。书坛领域，百花齐放，争奇斗艳，各领风骚。

为使中国书法能够继承创新，笔墨能随时代，2011年3月，我曾以七言诗式将56位"书坛神圣"写成长诗，载入诗集《浪花集》出版发行。今年1月又以草书形式将其收入《王志钢书法——书坛神圣·自叙歌》法书，由天津人民美术出版社出版发行。

《王志钢书法——书坛神圣·自叙歌》出版发行后，其《书坛神圣》翰墨长卷，在《书法导报》、《书画名家报》、《中国书法网》等报刊和媒体相继推出。得到文化界、书画艺术界和社会各界人士的一致好评。

文化部文化艺术人才中心，对《书坛神圣》诗书，从诗文内容到书法艺术都给予了充分肯定，特别重视宣传推广工作，决定将其编入《日出东方》书法集，向国内外公开发行。

外交部世界知识画报社，以"洒脱遒劲 独具风格"为题，刊入《世界知识画报》。用中英文双语向海内外报道。

中国炎黄艺术协会，以"傲骨呈逸品，翰墨自飘香"为题，将其刊载《书画名家报》。

中国书法协会副主席张凝先生评《书坛神圣》为：诗文优美、书法率真、互映生辉、悦己娱人。

书法评论家、《收藏参考》杂志社主编徐艺平先生评价为：古逸兼备，和谐有致，形质拙朴，风骨内敛，含雄浑于淡远，蕴古风于雅韵。泻如风雨雷电，静似松生空谷，重若巨石天降，轰然坠地，轻若惊鸿乍起，微留雪痕。

著名书法家、中国书协原顾问权希军先生赞扬其："节律深沉有力，章法巧妙新颖，气韵深厚朴实。字体飘逸而沉稳，灵动而厚重。"

书法鉴评家太行居士说：《书坛神圣》不仅是书法简史，而且更是翰墨珍品，必将在中国书法史上留下浓重的一笔。

总之，从当今书法大家到平民百姓，普遍认为：《书坛神圣》诗书感觉舒服，提人精神，书美文畅，雅俗共赏。

为使《书坛神圣》易于传记，扩大影响。根据朋友建议，把它载入的 56 位书法大家，所处年代、籍贯、官职、人品、书品、代表作品及对后世的影响等搜集整理，编辑成册，予以出版发行；使人们更加全面、系统、深入了解中国书法的发展历史和各个朝代的杰出代表人物；让广大书法同仁和爱好者，从中得到启发、借鉴和继承。希冀开拓出一方新天地，造就一批能影响后世的书法大家，书写出具有划时代精神风貌的翰墨精品。

由于本人对书法艺术的认识水平有限，加之占有资料不足，书中难免有不当之处，敬请方家指正。

作者

2012 年 4 月 26 日

诗书合璧　墨呈神逸

太行居士

《书坛神圣》是王志钢先生近年对中国书法历史学习研究、鉴别、判断，以诗的形式概括总结的优秀文化成果，又是挥毫泼墨而成的翰墨珍品，已由天津人民美术出版社出版发行，填补了我国书法领域的一项空白。

《书坛神圣》用七言格式，根据史书记载，从古至今，精选最有影响，最有代表性的56位书法大家，列入神圣之榜。从史籀、李斯、张芝开始到二王、颜、柳、张旭、怀素、王铎、毛泽东、启功等，始自周秦，终到近现代，历时跨越3000余载，把握每个大家的个性特点，对每一位书法大家的书法艺术造诣进行点评，嘉言赞扬。诗文优美，书法率真，诗书合一，互映生辉。

《书坛神圣》诗文妙语丛生，佳句叠出，势拔五岳，气贯长虹。书法展之馨香扑面，似曾相识，又别开生面。相识的是，以古人为师，不时闪烁着前人的笔影；新颖的是，盖与他人不同，皆是心性的体现，大度典雅，质朴恬淡，灵动幻化，神采飞扬。既注重传统，又不拘泥于传统，从传统中汲取精华，勇于创新，学习传统文化，为往圣继绝学，为万世开太平。

腹有诗书气自华。志钢先生把诗词中讲究的韵律、含蓄、意境、气势，用到书法创作中形成自己的独特风格，使书法艺术达到一个新的高度，一个新的艺术境界。

《书坛神圣》必将在中国书法史上留下浓重的一笔，将和《出师表》、《自叙帖》一样成为中华民族的传世之作。

目　录

书坛神圣

华夏书坛排座次，史籀李斯篆立门。

钟繇正书居神逸，蔡邕飞白墨声振。

张芝草圣名天下，杜度崔瑗皆超群。

皇象索靖字艺高，卫瓘翰墨影响深。

羲之行书居第一，名列神逸书圣尊。

献之高就二王位，大名鼎鼎字入神。

智永世南欧阳询，遂良当世风格纯。

阳冰线篆辟生面，李邕书妙又一村。

过庭凝式尽善草，张旭怀素世绝伦。

颜筋柳骨登极巅，模楷传承万载春。

苏黄米蔡史有定，岳飞巨笔华夏魂。

赵佶自创瘦金体，天下御书第一人。

孟頫盖世逼晋唐，鲜于也能墨荣身。

枝山徵明均为好，徐渭狂草入上林。

其昌馆阁清帝赏，拔贡取士争效君。

傅山朱耷横空出，神笔王铎籍孟津。

石如秉绶冠当朝，刘墉裕钊世间珍。

金农漆书开新宇，板桥六分半履新。

绍基之谦成大师，昌硕散之字万金。

弘一人奇书亦奇，尹默孟海令人钦。

右任着力标准书，泽东大草独领军。

舒同启功行当世，谁莅神坛贯古今。

圣座已就五十六，现代大家待汝任。

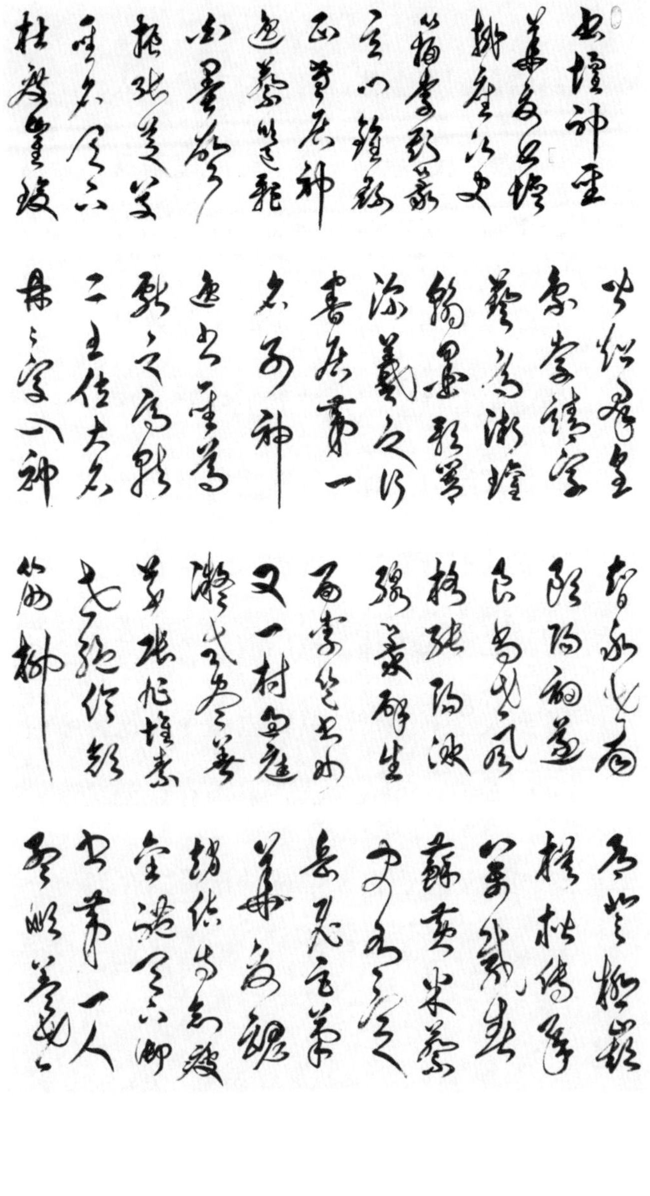

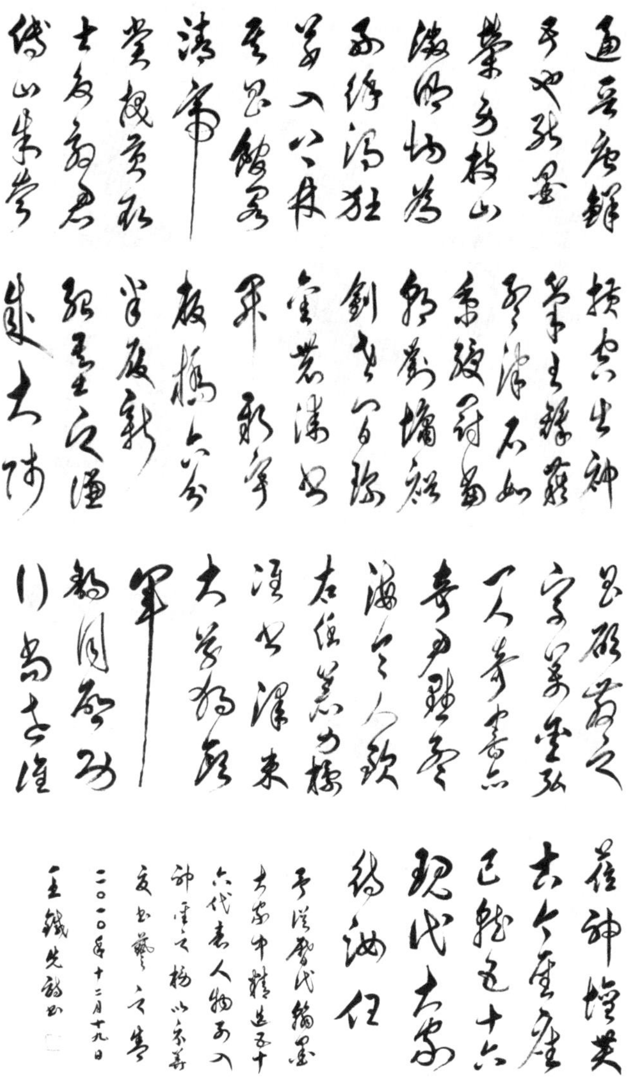

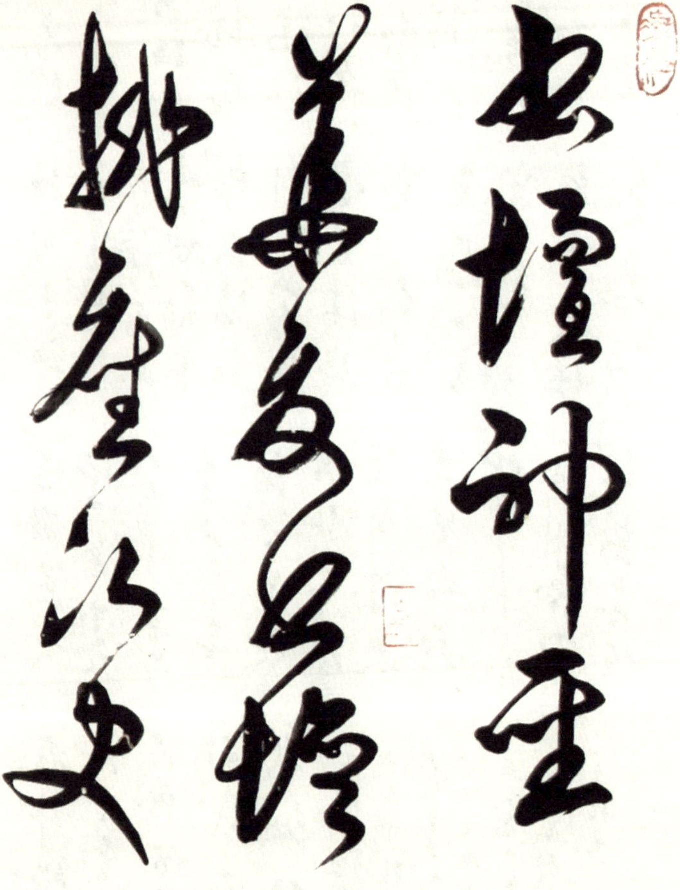

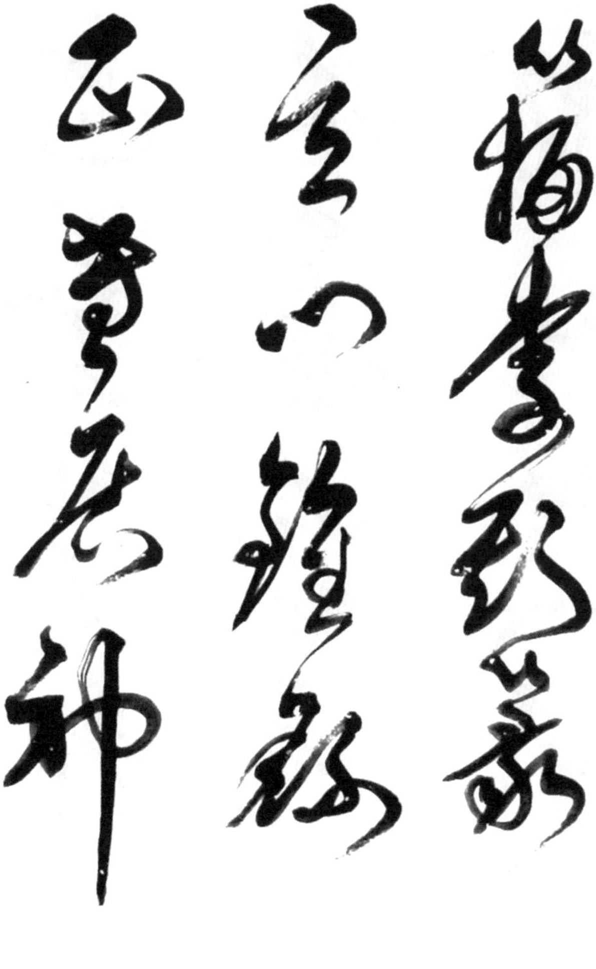

逸艺光之龙

山墨敏

振北美兴

承公处六

杜发悬笑坡

出似着皇

家爱续学

馨为锦经

翰墨歌罗

涂羲之为书法第一，书法之神

逸少笔势

歌之无为象

二王传大宗

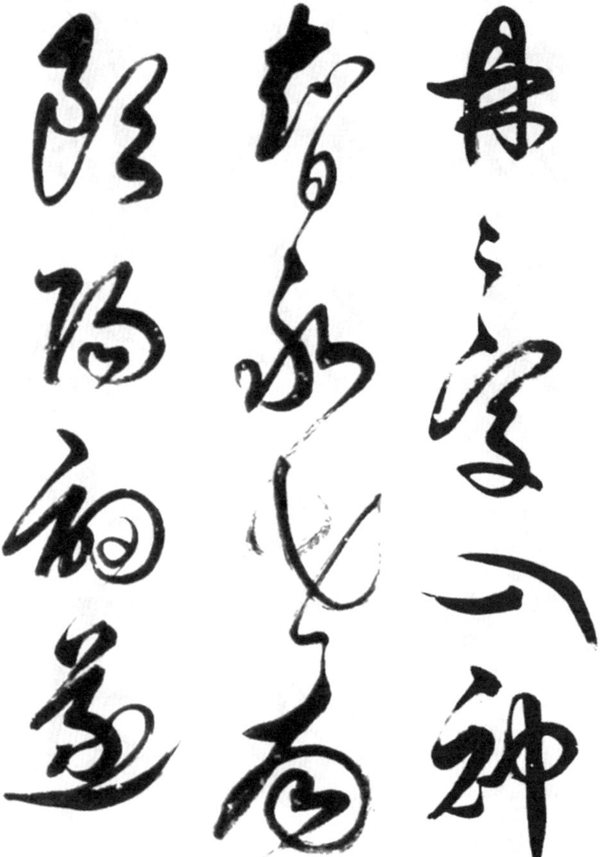

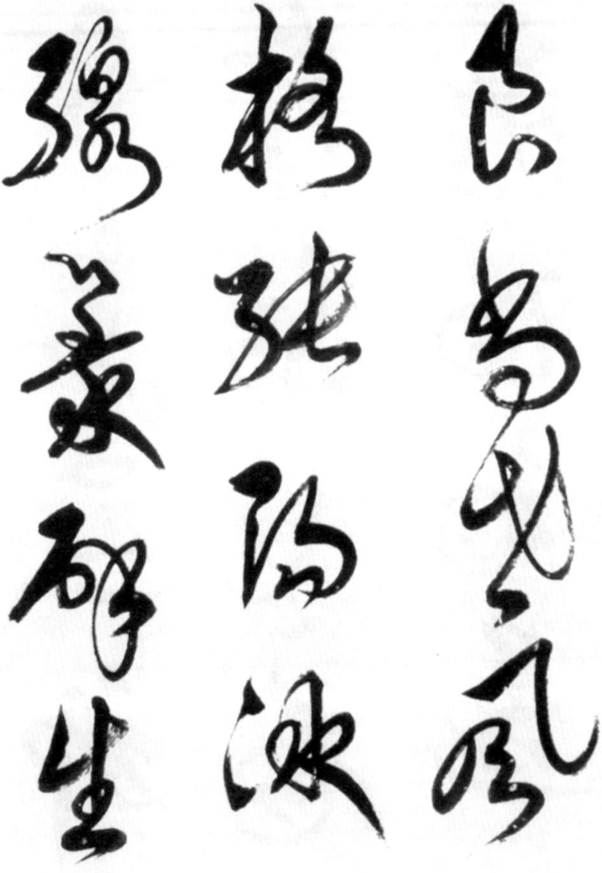

山重水复疑无路

柳暗花明又一村

草张飞携素

毛绝作纸

笋柳

此夜三更抛枕席

妙画神笔意难穷

苏轼黄米蔡

长飞毛箒

羊参翘作当乌发

金池墨御

通至鹿鞋筆勤一人

手也张墨

荣与杨山

海风切为

而修得狂

草入心及

書昆錯宗

清帝尝视朝，天下士夫君

傅山先学

横岂生神

笔走龙蛇

怀素不如

东坡诗曰

鲁公颠张扫

颠张醉

剑飞一首邻

雪茸满空

飞郭争

夜搁六分

省夜新

弱墨生尽渔

遂去时玉瓶屋宇之宝富堂弘

人争誉画书

事尹眠鸟

海亡人欲

右任美如椿

涛公濯东

大岁物座

军勒同祭功

川鸟吉隆

莊神煌英
去久重健
匹駝毛十六

现代大家

绚烂任

于右任代墨书

大家中精选五十六代表人物历入神童之杨凝式寿

友生嚣文集

二〇一〇年十二月十九日

王镜先题

《书坛神圣》五十六人评介

史 籀

　　周宣王时太史官。著大篆十五篇，与古文或同或异，谓之大篆。赞曰：古文玄胤，太史神书，千类万象，或龙或鱼何词不录，何物不储，怿思通理，从心所如，如彼江海，大波洪涛，如彼音乐，干戚羽旄。另作籀文，状邪正体，与古文大篆小异，为周时学童书。有石鼓文存世。大篆、籀文俱入神品。

李 斯（约前284—前208）

　　字迈古，河南上蔡人。秦始皇丞相，改大篆为小篆，亦曰秦篆。著仓颉七篇。画如铁石，字若飞动。妙极于华者羲献，精穷于实者籀斯。始皇以和氏之璧琢为玺，令斯书文。

　　斯书《会稽刻石》、《泰山碑》、《峄山碑》、《琅琊刻石》等碑是传国之宝，百代法式。小篆入神，大篆妙品。

蔡邕（133—192）

字伯喈，陈留圉（河南杞县）人。后汉官至左中郎将，封高阳侯。仪容奇伟，笃孝、博学能画，又善音律，明天文术数灾变。

工书绝世，体法百变，穷灵尽妙，独步今古。创"飞白"之书，妙有绝伦，动合神功。异能之士，一日七迁，光照荣显，顾宠彰著。死于狱中，缙绅诸儒，莫不流涕。

传世之宝有《鸿都石经》，另有书论《笔论》、《九势》等在中国书法史上有重要地位。八分、飞白入神品，大篆、小篆、隶书入妙品。

张 芝 (？—约192)

字伯英，甘肃敦煌人。东汉著名书法家，高尚不仕。

凡家之衣帛，皆书而后练，临池学书，池水尽墨，临池从此始。善章草书，世称草圣。天纵尤异，率意超旷，无惜是非，若清涧长源，流而无限，萦回崖谷，任于造化，精熟神妙，冠绝古今，百世不易之法式。不可以智识，不可以勤求，若达士遊乎沉默之乡，鸾凤翔乎大荒之野。

著有《笔心论》，传世之宝《冠军帖》、《终年帖》、《今欲归帖》、《二月八日帖》、《秋凉平善帖》等。章草、草、行入神品，隶书入妙品。

杜　度

　　字伯度，京兆杜陵人。享年66岁，齐相。善章草。虽史游始草，书传不纪其能，又绝其迹，创其神妙，其唯杜公。杰有骨力，而字画微瘦，若霜林无叶，瀑水进飞。

　　章草上上品。

崔 瑗（77—142）

　　字子玉，涿郡人。官至齐北相。文章盖世，善章草。师于杜度，点画之间，莫不调畅，如危峰阻日，孤松一枝。王隐谓之草贤。

　　有《张平子碑》传世。章草入神品，小篆入妙品。

钟 繇（151-230）

字元常，颖川长社（河南长葛）人。魏举孝廉尚书郎，后升尚书仆射东武亭侯，魏国建立任相国，明帝即位迁太傅。

善书，备尽法度，为正书之祖。妙尽许昌之碑，穷极邺下之牍。真书绝世，刚柔兼备，点画之间，多有异趣，幽深无际，古雅有余。秦汉以来，一人而已，与张芝、王羲之齐名，并称"钟张"、"钟王"。

真迹失传，摹本传世有《荐季直表》、《宣示贴》。隶、行入神品，八分、草书入妙品。

皇 象

字休明，广陵江都人。三国吴国官至侍中。工章草，师于杜度。世称沉着痛快，歌声绕梁，琴人捨微。虽相众而形一，万字皆同，各造其极，实而不朴，文而不华，其写春秋最为绝妙，八分雄才逸力。

《天发神谶碑》奇伟警世。章草入神，八分入妙，小篆入能品。

索 靖（239—303）

字幼安，甘肃敦煌人。晋赠太常，张伯英之离孙。

善章草书，出于韦诞，峻险过之，有若山形中裂，水势悬流，雾岭孤松，冰河危石。其坚劲，古今不逮，或楷法过于卫瓘，然穷兵极势，扬威耀武，观其雄勇，欲陵于强。草书绝世，学者如云。

《毋丘兴碑》是其遗迹。章草入神品，草入妙品。

卫 瓘（220—291）

字伯玉，河东安邑（陕西夏县）人。官至晋司空、太保等职，与李靖俱善草书，时人号为一台二妙。

瓘采张芝法，取父书参之，遂至神妙，天姿特秀，若鸿鹄奋翼，飘飘乎清风之上。率情运用，不以为艰。得伯英之筋，作柳叶篆，笔势明劲，莫能得学。

草、隶、行上中品。

王羲之（303—361）

字逸少，琅琊（山东临沂）人，居会稽山阴（浙江绍兴）。逸少骨鲠高爽，不顾常流，晋时起家秘书郎，后迁右军将军，会稽内史，人称"王右军"。赠金紫光禄大夫加常侍。

善书。备精诸体，自成一家法，千变万化，得之神功。造化发灵，登峰造极，百发百中，飞名盖世，贵越群品，古今莫二。字势雄逸，如龙跳天门，虎卧凤阁，清风出袖，明月入怀。力屈万夫，毅离千古，万世所宗，世称"书圣"。

《兰亭序》最为著名，被奉为"天下第一行书"，为历代书家所重。

书法作品没有原迹存世，法书刻本甚多，有《十七帖》、《小楷乐毅论》、《黄庭经》等，摹本墨迹廓填本有《孔侍中帖》、《兰亭序》、《快雪时晴帖》、《行穰帖》、《丧乱帖》、《远宦帖》、《姨母帖》、《平安何如奉橘三帖》、《寒切帖》以及唐僧怀仁集王书《圣教序》等。唐太宗李世民酷爱王书，传将《兰亭序》陪葬于陵。

隶、行、草、章草、飞白俱入神品，八分入妙品，行书天下第一。

王献之（344—386）

字子敬，小字官奴，逸少第七子，人称"二王"，琅琊（山东临沂）人。官至晋中书令，追赠侍中特进光禄大夫太宰。

善草隶。幼学于父，次习于张伯英，后改变制度，别创其法。行草兴合，如孤峰四绝，迥出天外，峭峻不可量。雄武神纵，灵姿秀出，减武仲之智，卞庄子之勇，或大鹏搏风，长鲸喷浪，悬崖坠石，惊电遗光。神韵独超，天姿特秀，流便简易，志在惊奇，峻险高深，起自此子。人有求书，罕能得到，虽权贵所逼，了不介怀。子敬五、六岁时学书，右军潜于后掣其笔不脱，叹曰，此儿当有大名，遂书《乐毅论》与之。

稿行之草是其独创。一笔书天下第一帖，能作方丈字，"洛神赋"字法端劲，是书家所难。遗墨保存很少，《宣和书谱》收入80余件，存世摹本仅7件，主要有《鸭头丸帖》、《中秋帖》、《二十九日帖》。

隶、行、草、章草、飞白俱入神，八分入能品。

释智永

本姓王名法极，会稽（浙江绍兴）人。陈、隋间僧侣书法家。王右军七世孙，人称"永欣师"。妙传家法，为隋唐间学书者宗匠。永字八法自崔张钟王传授，所用于万字，智永发其真趣。"退笔成冢"始于智永。书骨气深稳，体兼众妙，瑶台雪鹤，高标出群，精能之至。

传世之作《真草千字文》为天下法书第一。章草、草书入妙品，隶书入能品。

虞世南（558—638）

字伯施，又永兴，浙江余姚人。唐书家，官至秦府参军，宏文馆学士，著作郎，古稀封"永兴县子"，赠礼部尚书，谥文懿。

容貌怯懦，弱不胜衣。性情刚烈，直言敢谏。其书潇散洒落，真草惟命，若罗绮娇春，鹓鸿戏沼，下笔如神，不落疏慢。作字不择纸笔，皆能如志。若登大华，百盘九折，委曲而入杳冥。气秀色润，意和笔调，外柔内刚，修媚自喜，发笔处如抽刀断水，正与锥画沙、屋漏痕同趣。

传世之作《孔子庙堂碑》、《汝南公主墓志》。隶、行、草、皆入妙品。

欧阳询（557—641）

字信本，潭州临湘（湖南长沙）人。官至银青光禄大夫率更令，唐代第一位书法家。

八体尽能，笔力劲险，尺牍所传，人以为法，不择纸笔，皆得如意，书名远播夷狄。飞白冠绝，峻于古人，有龙蛇战斗之象，云雾轻笼之势，风旋电激，操举如神。还如草里蛇惊，云间电发，金刚嗔目，力士挥拳。风骨内柔，神明外朗，清和秀润，风韵绝人，楷法第一，号为"欧体"，万世法程。

传世之作有《九成宫醴泉铭》、《化度寺邕禅师舍利塔铭》、《皇甫延碑》。飞白、隶、行、草入妙，大、小篆、章草入能品。

褚遂良（596—659）

字登善，浙江钱塘人。顾命大臣，封河南郡公。后迁至吏部尚书、尚书右仆射。位极人臣。

书若瑶台青锁，窅映春林，美人婵娟，不任罗绮。字里金生，行间玉润，变化开合，一本右军，自是绝品。

传世作品有《临兰亭序》、《雁塔圣教序》、《大字阴符经》、《枯树赋》等。行、隶入妙品。

李阳冰

字少温，赵郡人，唐代大书法家。通家世业，古今通文，家传孝义，气感风云。

工于小篆。得大篆之圆而弱于骨，得小篆之柔而缓于筋。圆活姿媚，世称线篆；豪骏墨劲，人谓笔虎。又若古钗侍物，力有万夫，李斯之后，一人而已。

《缙云庙碑》为盖代冠冕。

李 邕 (678—747)

　　字泰和又名北海，扬州江都人。官至括州刺史，北海太守。

　　唐代书法家。书中仙手，曾被比象。文章书翰，正直辞辩，义烈过人，时谓三绝。人如干将莫邪，难与争锋；书如华岳三峰，黄河一曲，楼台映日，花木逢春。

　　有《叶公碑》、《云麾将军碑》、《岳麓寺碑》名传于世。

孙过庭（648—703）

名虔礼，陈留人，唐书法家，书法理论家，官至率府录事参军。

博雅有文章，工于用笔，峻拔刚断，尚异好奇。草书如丹崖绝壑，笔势坚劲。赞曰："墨池笔家任纷纷，参透书禅未易论，细取孙公书谱读，方知渠是过来人。"

《书谱》传世影响后人。隶、行草入能品。

张 旭 （658—747）

　　字伯高，吴郡（江苏苏州）人。唐朝书法家，官金吾长史。为人洒脱不羁，豁达大度，卓尔不群，才华横溢，学识渊博。文宗时诏以李白歌诗，裴旻剑舞，张旭草书为"三绝"。

　　传从担夫争道，闻鼓吹，观剑舞知笔意。草书立性颠逸，超绝今古，如神虬腾霄，夏云出岫，逸势奇状，莫可穷测。变动犹鬼神，不可端倪，以此终其身，而名后世。

　　有《贺八清鉴帖》、《郎官石柱记》、《四古诗帖》传世，千古第一。

　　诗圣杜甫赞曰：锵锵鸣玉动，落落群松道，连山蟠其间，溟涨与笔力，峻拔为之主，暮年思轻极，未知张王后，谁并百代则。

释怀素（725—785）

字藏真，湖南长沙人，唐高僧。为人倜荡，食鱼食肉，举以向人，计其胸中。

草书援毫掣电，随手万变，不求工拙。如壮士拔剑，神彩动人，笔力精妙，飘逸自然，警蛇走虺，骤雨狂风。《自叙帖》、《苦笋帖》、《圣母帖》等笔法高古、精神焕发。藏锋内转，瘦硬通神。

赞曰：何处一屏风，分明怀素踪，虽多尘色染，尤见墨痕浓，怪石奔秋涧，寒藤挂古松，若教临水照，字字恐成龙。

颜真卿（709—784）

字清臣，京兆万年（陕西西安）人。唐代名臣，杰出的书法家、政治家，官至吏部尚书，太子太师，封鲁郡开国公，世称颜鲁公。秉性正直，笃实纯厚，有正义感，从不阿于权贵，屈意媚上，以义烈名于时，名德伟然，天下第一。

家学渊博，少时家贫，用黄土水在墙上练字。八法俱能，真楷尤善。

笔力遒婉，世宝传之。锋绝剑摧，惊飞逸势。点如坠石，画如夏云，钩如屈金，戈如发弩。纵横有象，低昂有态，巧拙互用，奇正相生，独步天下。树立了唐代楷书典范。书体丰腴雄浑，宽博恢宏，骨力遒劲，气概凛然，称为"颜体"，与柳公权并称，有"颜筋柳骨"之说。自此汉字楷书字体便有了一种衡定稳固的书写法则。对后世书法艺术的发展产生了深远影响，开拓了一种宏博深厚的新书风。

代表作有《多宝塔碑》、《麻姑仙坛记》、《自书告身》、《颜勤礼碑》、《争座位帖》等，《祭侄稿》曾被推为天下第二行书，与王羲之《兰亭序》相映生辉。

柳公权（778—865）

字诚悬，京兆华原人，唐官至太子太师。书如惊鸿避弋，饥鹰下，深山道士修养已成，神气清健，无一点尘俗。其言心正则笔正。书美人美，书品合一，称"柳骨"，与颜真卿并称"颜筋柳骨"，为世模楷。

有诗赞曰：诚悬十二工吟咏，元和天子知名姓，侍书秘殿论挥毫，旨哉心正则笔正，千言小字度人经，楷法端严筋力劲。人寰亦有欧褚书，鼓旗那敢相凌竞。

最著名的传世之作是《玄秘塔碑》、《神策军碑》。

杨凝式（873—945）

字景度，号虚白，陕西华阳人。五代官少师太保，人称杨风子。卒后赐太子太傅。善文词，工书法。

墨迹一纸，字画奇古，横风斜雨，落纸云烟，淋漓快目，笔势飞动，天地间尤物也。字与颜公一等，俱称绝异，然不喜作尺牍，后人罕见，益可宝也。

《韭花帖》、《大仙帖》是其名作。

苏 轼 （1037—1101）

　　字子瞻，号东坡居士，四川眉山人。北宋著名文学家、书画家，诗词开豪放一派，为唐宋八大家之一。少负格，博经史。官至礼部尚书、翰林学士等职。一生坎坷，多次贬官放逐。为人正直，性旷达，才华横溢。

　　书如绵里铁，文章妙天下，忠义贯日月，当朝善书推为第一。"侧卧笔"字右斜扁肥。

　　传世书迹有《前赤壁赋》、《黄州寒食诗》、《洞庭春色赋》、《中山松醪赋》等，其《黄州寒食诗》，在书法史上影响很大，称"天下第三行书"。赞曰：坡翁奇气本超伦，挥洒纵横欲绝尘，直到晚年师北海，更于平淡见天真。

黄庭坚（1045—1105）

字鲁直，号山谷道人，洪州分宁（江西修水）人。北宋书法家，诗人，称为"苏门四学士"，开创江西诗派。

出身于家学渊博世家，自小聪慧过人，一生命运多舛，仕途坎坷。善行、草书，笔法以侧险取势，纵横奇倔，字体形长，笔法瘦劲，自成风格。下笔着意变化，收笔回锋藏颖，感觉"沉着痛快"。论书最重一韵字，书如抱道足学之士，坐高车驷马之上，横钳高下，无不如意。

著名书迹有《松风阁诗》、《黄州寒食诗跋》、《花气薰人帖》等。

米海岳 (1051—1107)

名芾，字元章，号海岳外史，祖籍山西太原，后定居江苏镇江。个性怪异，遇石称兄，人称"米颠"。6岁读诗，7岁学书，10岁写碑，21岁步入官场，早熟怪才。书画学博士，能诗文，擅书画，精鉴别，集书画家、鉴定家、收藏家于一身。

书体潇洒奔放，严于法度，风樯阵马，沉着痛快。行书最善，北宋四大家的杰出代表，用"刷"笔集古字，北宋书法第一。每天临池不辍，大年初一也不忘写字。作书认真，稳不俗，险不怪，老不朽，润不肥，无垂不缩，无往不收。字如渴骥奔泉，精彩动人。才纸数字，人争售之，以为珍玩。请求碑榜，户外之履常满。家藏古帖甚富。

笔法超诣，文亦清拔，神游八极，眼空四海，天马脱衔，追风逐电，"狮子捕象，全力赴之"。

传世墨迹主要有《蜀素帖》、《苕溪诗帖》、《方圆庵记》、《天马赋》等。

蔡 襄（1012—1067）

字君谟，兴化（福建仙游）人。历任开封知府，端明殿学士等职，为人忠厚，正直信义，学识渊博。

书法时人推崇备至，极负盛誉。天资既高，积学深至，心手相应，变态无穷，翔龙舞凤，独步当世。蔡书展卷，顿觉一缕春风拂面，充满妍丽温雅气息。

传世墨迹有《自书诗帖》、《谢赐御书诗》、《陶生帖》、《蒙惠帖》、《万安桥记》、《昼锦堂记》。

岳 飞（1103—1142）

　　字鹏举，河南汤阴人。南宋著名抗金将领，著名战略家、军事家、民族英雄。官至湖北、京西路宣抚史，兼营田大使，追谥武穆，追封鄂王。

　　文武双全，精忠报国。纯正不曲，书如其人。老墨飞动，忠义之气烨如，势若云鹤游天，群鸿戏海，小楷精妙，绝类颜鲁公，力斫余地。

　　传世墨宝有《出师表》、《吊古战场》、《满江红》等。

赵 佶（1082—1135）

北宋徽宗，在位 25 年，靖康被金兵俘，笃信道教，人称"道君皇帝"。

沉迷书画，丢失江山。自幼酷好诗词书画，嗜画如命，刻意搜求，秘府所藏，胜于先朝。首创"瘦金书"体，用笔轻落重放，劲挺飘逸，天骨遒美，意度天成，屈铁断金，别具一格。其画尤好花鸟，自成"院体"，充满盎然富贵之气，令花鸟画步入全盛时期。倡导编撰《宣和画谱》、《宣和书谱》两图书，对文化艺术事业做出杰出贡献。

存世书法作品有《秾芳诗帖》、《草书千字文》、《闰中秋月诗帖》等。

赵孟頫（1254—1322）

字子昂，号松雪道人，湖州（浙江吴兴）人。元代书画家、文学家。自幼聪明，读书过目成诵，为文操笔立就。历任五朝，官至翰林学士承旨，荣禄大夫，封魏国公，谥文敏。信佛。

精通诗文，熟谙音律，善于鉴定古器物，尤其擅长书画，真草、隶、篆、行无所不精，元代书坛领袖人物。

5岁学书，直至临死犹观书作字，对书法情有独钟。遍览百家，以二王为本。创立由唐入晋，以法求韵的学书模式，取得极大成就。主张学书学古人，化晋韵为唐法。其书法度森严为后世学者举为典范，称为赵体。成就最大当推行草和楷书，传世最多，对后世影响最大。书入右军之室，形聚神逸，秀美潇洒，宛若魏晋名士，风流倜傥。草书纵横飘逸，得心应手，气韵高古，笔法精熟，却无草率之弊。时人评其书为"上下五百年，纵横一万里"，举无此书。对后世中国书法影响极大。

传世作品有《帝师胆巴碑》、《洛神赋》、《归去来辞》、《法华经》、《心经》、《道德经》等。有诗赞曰：入手江南一段春，王孙才调百年新，云朝佳丽输江锐，金粉能教笔有神。

鲜于枢（1256—1301）

字伯机，号困学山民等，大都（北京）人，一说渔阳（河北蓟县）人。仕途不畅，元官至太常寺典簿。

为人雅逸，善词赋，工散曲，精鉴书画及古名器，勤奋思敏，笔墨淋漓酣畅，书体凝重坚实，圆劲有力，擅楷书及行草书。用笔方刚外拓，提按转折，健骨丰筋，天娇奇放，大气磅礴，回腕执笔，方法独特，喜用狼毫，强调骨力。

传世书迹有《杜工部行次昭陵诗卷》、《老子道德经卷》、《秋兴诗册》等。

祝枝山（1460—1526）

字希哲，长洲人，明代书法家。一生多波折，仕途极不顺，7次会试不第，54岁得授广东兴宁知县，后升应天府通制。晚年崇尚文学、禅宗，生活放浪不羁。

幼受家庭熏陶，5岁能作径尺大字，9岁能作诗，书学修养高，在"吴门书派"中独领风骚，震动书坛，成为领袖人物。

集众家之长，自呈面目，主张"遍友历代，归宿晋唐"，主要成就为小楷和草书，小楷精致典雅，狂草泼墨淋漓，落笔如疾风扫落叶，迅捷跳宕，激情横溢，气势豪迈。

传世作品有《赤壁赋》、《洛神赋》、《出师表》、《前后赤壁赋》。

文徵明（1470—1559）

字徵仲，长洲人，明代书法家。幼"不慧"，7岁才能站立，11岁才能说清话。后聪慧灵秀，热衷功名，仕途不顺，10次参加乡试，屡次名落孙山。54岁得工部尚书李充嗣举荐，任翰林待诏，编修《武宗实录》，3年离京返乡，过平淡生活，无疾而终。

各体兼善，小楷最为称道，名动海内。书法清雅、纯正、醇和。以书名胜天下，成江南艺坛众望所归的一代擘手，声誉远播四海，吴门书派的领袖人物，明代中期书坛的宗主。

传世作品有《高士传》、《题赵魏公二帖》、《醉翁亭记》、《七言律诗四诗卷》、《感怀诗卷》等。

徐渭 (1521—1593)

字文长，号天池山人，青藤道人，山阴（浙江绍兴）人。明代杰出的文学艺术家，多才多艺，在书画、诗文、戏曲等领域均有很深造诣，独树一帜，给当世与后代留下深远影响。一生极不得志，经历坎坷，穷困潦倒。

40岁左右当过一段幕僚军师，后精神失常，多次自杀。平素生活狂放，不妩媚权贵。当官的求画，一字难得。晚年闭门不出，凄凉孤独，死前唯有一狗相伴，床无一席。生时寂寞，死后世人顶礼膜拜。清郑板桥刻印称"青藤门下走狗"，齐白石说："恨不生三百年前，为青藤磨墨理纸。"

自谓"吾书第一，诗次之，文次之，画又次之"。书法方圆兼济，轻重自如，笔墨纵横，貌似狂放不羁，实则暗含秩序，为后来书家效法。隶笔入行书，行草为特佳。独创草书，笔墨恣肆，满纸狼籍，不计工拙，苍劲中姿媚跃出。

代表作品有《行草书诗词卷》、《青天歌卷》、《咏墨磁轴》、《题画诗》等。

董其昌（1555—1636）

字玄宰，号思翁，又称香光居士，松江华亭（上海市）人。明代著名书法家、画家，书画鉴赏家和理论家。官至南京礼部尚书、太子太保，特准致仕。

出身贫寒，自幼学业精勤，饱读诗书，颇善文赋，书法讲究"虚灵"，注重"虚和取韵"，字重淡秀，结字以欹为正，潇洒出尘，变化无端，开明代书坛一代新风。晚年威震朝野，闻名遐迩，高丽、琉球使者求书不绝，效仿甚多。清由于康熙皇帝喜欢董书，出现满朝皆学的热潮，追逐功名的士子都以董书为求仕捷径，仿写成风。清代帖学以董为核心，成为最重要的一家。

晋人取韵，唐人取法，宋人取意，是历史上书家第一次用韵、法、意概念划定晋、唐、宋书法审美取向的，对后世影响极大。

代表作品《苏轼重九词轴》、《行书七言诗》等。

有诗赞曰：书家神品董华亭，楮墨空无透性灵，除却平原俱避席，同时何必说张邢。

傅 山（1606—1685）

字青主，号啬庐，石道人，阳曲（山西）人，一作太原人。明清之际著名思想家、书画家，博通经史、诸子与佛道之学，精于医理，又工书画与鉴赏。学问志节为清国初第一流人物。

提出"宁拙毋巧，宁丑毋娟；宁支离毋轻滑，宁直率毋安排"，是书法史上划时代的宣言。书法诸体皆工，尤精行草，以"连绵草"最具特色，奔肆狂扬，痛快淋漓。风行水面，自然成文，信手拈来，头头是道。山书清朝第一。

代表作品有《丹枫阁记》、《六言诗》、《读传镫》等。草书能品上。

朱 耷 （1624 或 1626—1705）

别号个山，八大山人等，江西南昌人。明宗室，出家为僧，后还俗。水墨大写意花鸟画大师。

书法怪异，善用秃笔，流畅温润，凝重平稳，柔中寓刚，称得"百炼钢化为绕指柔"。布白疏朗有致，结字造型独特，个性强烈，不可效颦。乍看之下，令人联想起笔下敛羽缩颈、瞪目蜷足的禽鸟形象。

代表作有《自作诗》传世。

王 铎（1592—1652）

字觉斯，号嵩樵，河南孟津人。明末清初最具个性的书法家，素有"神笔王铎"、"五百年来无此君"之誉。官至礼部尚书，东阁大学士。

善草书，笔力雄健，气度沉着，长于布局，有"泰山不可挡"之势，"月涌大江流"之观。

首创涨墨法，增加墨色的层次与趣味。晚年行草，沉雄豪迈，感情奔放，飞沙走石，风驰雨骤，使当时和后世书家为之倾倒。在日本书坛也有极高地位。

传世作品《拟山园帖》、《临古法帖》等。草书能品下。

邓石如（1743—1805）

字顽伯，号完白山人，怀宁人。精通六书，隶篆入神，"布衣书家"，"清朝第一"。古茂浑朴，上掩千古，开清一代碑学之宗，是篆隶发展的骄傲。

代表作品有《警语》、《白氏草堂记》、《唐诗集句》等。隶、篆入神，真、分入妙，草入能品上。

伊秉绶（1754—1815）

字祖似，号墨卿，福建汀州人。官至刑部主事、御史、光禄寺卿。

清代大书法家，篆隶名当世，劲秀古媚，独创一家。书如画，笔墨之外能通神。

代表作品《节临张迁碑》，传世墨迹《默庵集锦》。行书入逸品。

刘 墉（1719—1804）

字崇如，号石庵，山东诸诚人。官至体仁阁大学士，加太子太保，谥文清。政治家、著名书法家、诗人，有"浓墨宰相"之称。

书自成一家，貌丰骨劲、味厚、神藏，不受古人牢笼，超然独出，入乎古人而出乎古人。善用偃笔，为一代书家之冠，金声玉振，集群圣之大成，入词馆以迄登台阁。体格屡变，神妙莫测。

传世之作有《行书卷》、《王安石绝句》。小真书妙品下，榜书能品上，行草能品下。

张裕钊 （1823—1894）

字廉卿，湖北武昌人。清代书法家，道光举人。官至内阁中书，主江宁、湖北等地书院。

书高古浑穆，点画转折，皆绝痕迹，落墨运笔，中笔必折，外墨必连，转必提顿，以方为圆，落必含蓄，以圆为方，脱笔实留，涨墨实洁，大悟笔法。其书对日本人影响极大。

金 农 (1687—1763)

字寿田，后更名农，更字寿门，仁和（浙江杭州）人。久居扬州，"扬州八怪"之一。嗜奇好学，工于诗文书法，精鉴别，性好游历，足迹半天下。以卖画为生，终身布衣，生活清苦。

书法点画似隶似楷，亦行亦草，长横和竖钩都呈隶书笔形，撇捺笔姿近于魏碑，分外苍劲灵秀。50岁后有意"骇俗"，独创一种"渴笔八分"称为"漆书"，笔画方正，棱角分明，横画粗重，竖画纤细，墨色乌黑光亮，犹如漆成，大胆创新，自辟蹊径。

传世之作有《广陵旅舍之作诗》。

郑板桥 (1693—1765)

名燮，字克柔，号板桥，江苏兴化人。官清山东范县、维县知县。乾隆东巡泰山，为书画史，请赈得罪大吏而罢官。后长期在扬州卖画为生，为"八怪"之一，诗、书、画称为"三绝"。

书法用汉八分杂入楷行草，自称"六分半书"，将真、草、隶、篆四体综合，又参之作画方法，自出机杼，别开生面，高古简朴，风姿绰约，墨花流润，意态洒脱。

代表作品《李白长干行一首》、《难得糊涂》。

何绍基（1799—1873）

字子贞，号蝯叟，湖南道州（道县）人。清大书法家，官至翰林院编修，文渊阁校理，国史馆提调总纂协修，四川学政等职。

书泛滥六朝，仰承庭诰，唯以横平竖直为律。积数十年功力，探源篆隶，入神化境，数百年书法于斯一振，字必传千古无疑，如屈铁枯藤，惊雷坠石，草书尤为一代之冠。临书自出机杼，兴至时遇纸则书，神融笔畅，妙绪环生，并立无偶。

赵之谦（1829—1884）

字撝叔，号梅庵等，会稽（浙江绍兴）人。咸丰举人，官江西鄱阳奉新、南城知县。

书画刻石卓绝一时，万毫齐力，一以贯之，姿态百出，为时所重。魏碑最工，用笔坚实，气机流岩，变化多姿，仪态万方，取悦众目。是融碑帖于一体的巨擘。

吴昌硕（1844—1927）

名俊卿，初字香补，后更字昌硕等，浙江安吉人。集诗、书、画、印为一身，碑学书风代表人物之一。首任西冷印社社长。

书法以篆文为主，尤以石鼓文最有名，书以势胜，郁勃飞动，大气磅礴。印重章法，浑朴古拙。

作品有《吴昌硕作品集》、《苦铁碎金》、《缶庐近墨》、《吴苍石印谱》、《缶庐印存》等，诗有《缶庐集》。

林散之（1898—1989）

名以霖，江苏江浦人，自号"三痴生"。官居新中国江浦县副县长，南京市政协常委，江苏省政协委员，全国政协委员。江苏省国画院专职画师，南京书画院院长，中国书法家协会常务理事，中国书法家协会江苏分会名誉主席等。

生性憨厚诚朴，心地善良，待人诚恳，办事出以公心，敢作敢为，是大器晚成的典型。诗、书、画三绝的艺坛大家，破坏型的草书大师，深受日本书道界推崇。

落笔随意，出神入化，意趣天成。

释弘一 （1880—1942）

本姓李，名文涛，成蹊，广侯，字叔同等，浙江平湖人。誉为"20世纪书法大家"之一。

自幼聪颖好学，为救国东渡日本留学，回国后执教于浙江省立两级师范学校，后悲观厌世，在杭州虎跑寺削发为僧。集诗词、书画、篆刻、音乐、戏剧于一身，开中华灿烂文化艺术之先河。早岁书艺驰誉当世，出家后持戒精严，并融书法、佛理为一体，形成独特的书法风格。第一个向中国传播西方音乐的先驱者，第一个在中国开创裸体写生的教师。

有《李庐印谱》、《晚清空印聚》存世。

沈尹默（1883—1971）

号秋名，浙江吴兴（湖州）人。官居河北教育厅厅长，北平大学校长，中央文史馆副馆长。创建了新中国第一个书法组织：上海市中国书法篆刻研究会。为中国书法艺术和理论作出了卓越的贡献。

20世纪最伟大的书家之一，帖学中兴的大师。日临"尺八纸"百张。其书清婉秀润，劲健遒逸。

著有《历代名家学书经验谈辑要释义》、《书法论丛》、《二王书法管窥》及《秋明诗词》等。

沙孟海（1900—1992）

原名文若、文翰，号沙林等，浙江鄞县人。新中国成立后，官至浙江省文物管理委员会常委兼调查组长，浙江省博物馆历史部主任。西冷印社社长，西冷书画院院长，中国书法家协会副主席，浙江书协主席等。同时任中国民主同盟浙江省顾问。

书法探综众长，融会贯通。沉雄茂密，变化多姿，气势磅礴，自成风格，被称为"书法泰斗"。

著述甚丰，主要有《近三百年的书学》、《印学史》、《中国书法史图集》、《沙孟海书法集》等。家乡建立"沙孟海"书学院。

于右任（1879—1964）

名伯籍，号髯翁，太平老人，陕西三原人。官至靖国军总司令，国民政府监察院长。为国民党元老之一。

民主革命先驱，著名爱国诗人和杰出的书法家。学识渊博，收藏宏富，捐献西安碑林。精草书，创立标准草书，出版《标准草书》以"易识、易写，准确、美丽"为原则，影响后世。

传世书法有《正气之歌》、《书出师表》，著有《右任文存》、《右任诗存》等。

毛泽东（1893—1976）

字润之，湖南湘潭人。政治家、战略家，中国共产党的创始人之一，中华人民共和国的缔造者。中国共产党中央委员会主席，中央人民政府主席，中华人民共和国第一任主席。堪称划时代的草书巨匠，是20世纪最杰出的狂草圣手。

书法信手挥洒，豪迈不羁，气势磅礴，一泻千里，潇洒飘逸，神采飞扬，古拙可爱，目不暇接，自然和谐，美不胜收。结体活泼，随意流畅，笔断意连，天然成趣，激越跌宕，风格独特，热情奔放，推陈出新，云水翻腾，风雷激荡，雄纳天地，韵溯古今，游刃自如，一枝独秀。开启一代新风，铸成"毛体"世界。正像郭沫若评论的那样：无心成为诗家或词家，但诗词却成了诗词的顶峰；无心成为书家，但墨迹却成了书家的顶峰。

传世墨辑有《毛泽东书信手迹选》、《毛泽东题词墨迹选》、《毛泽东诗词手书》、《毛泽东手书古诗词选》等。

舒 同（1905—1998）

字文藻，又名宜禄，江西东乡人。一生戎马倥偬，新中国成立后，官居华东局、山东省和军事科学院等部门要职。第一任中国书法家协会主席。

行书尤擅，字体宽博端庄，圆劲婉通，用笔老重，藏头护尾，点画润厚通畅，别具风格。喜作榜书，扎实稳固，端庄伟岸，世称"舒体"。

出版有《舒同字帖》、《舒同书法艺术》等。

启 功（1912—2005）

姓爱新觉罗，字元白，清皇室后裔。曾任中国书法家协会主席，国家文物鉴定委会主任委员、中央文史馆馆长、全国政协常委。精书法，善鉴定，通文史，是20世纪最重要的红学家之一。有诗、书、画"三绝"之称，是当今中国"最后一位国学大师"。

专擅各体，行书尤精，极言"黄金律"重要，把黄金分割率0.618用到书法结体上，并一生作书结字，以此为准。书法、行笔自然恪守中锋，点画纤细，圆润刚健，结字舒展大方，平和舒服，是20世纪文人书法的典范。

著有《论书绝句》、《古代字体论稿》、《论书札记》等。

后 记

"书坛神圣"，自2011年3月载入诗集《浪花集》，今年1月以草书形式收入《王志钢书法—书坛神圣·自叙歌》法书，得到了文化艺术界和社会各界人士的普遍认可。

为使大家能全面了解其内容，真正给书法同仁和爱好者提供学习、借鉴的价值，书法评论家、老朋友王生儒先生建议，"书坛神圣"应单独出版，并简要介绍每位书神的生平事迹及艺术造诣。并积极谋划出版，同时对列入的五十六位代表人物认真筛选，对本书的文字表述反复斟酌推敲。

本书在整理、编辑、出版过程中得到了许多朋友的支持。中国大型美术图书策划总监、今日晟扬（北京）国际文化传播有限公司艺术总监刘牧諨先生，为其封面、版面设计制作及出版倾注了许多心血。国务院新闻办公室《人权》记者、佛教研究员、中国书法协会副主席张凝先生，对出版提出了很好的意见。河南省汝阳县人大常委会原副主任张正敏先生，河南省汝阳县第一高级中学原副校长、中学高级教师叶明耀老师为文字润色。河南省汝阳县人大常委会办公室段晓梅女士为文字打印等做了大量工作。我在这里一并表示衷心感谢！

作 者

2012 年 6 月 15 日